KUROGANE

Los geht‘s

Sachbuch

Mauer Verlag
Wilfried Kriese
72108 Rottenburg a/N
Buchgestaltung: Wilfried Kriese
Titelbild: Privat
2010
ISBN 978-3-86812-228-2

www.mauerverlag.de

Inhalt

Kapitel 1
Kokoro

Kokoro: Seele, Geist

Der Tod ist Anfang und Ende zugleich.
Als wir noch nicht lebten waren wir Tod, und wenn wir sterben werden, werden wir wiederum Tod sein.
Der Tod gründet im Leben, und das Leben im Tod.
Ich will nun weder etwas glauben, noch will ich darüber spekulieren, was dieser Tod nun sei.
Der Weißheit des Herzens(Geistes) folgend vom spirituellen Standpunkt aus, so einfach Lebe ich.

Weil das Leben im unvermeidbaren Tod gründet, ist es unsinnig sich nur auf das Leben in materieller Weise zu beschränken. Alles Oberflächliche vergeht, alles Materielle wird zerfallen. Wenn der Tod kommt, und es ist gewiss, das er in jedem Moment eintreffen kann, wird nur der Kokoro über ihn hinausgehen.

Im Leben offenbart sich ein Sinn, der individuell darin besteht, Reife durch Erfahrungen verschiedenster Art zu erlangen. Nicht nur gute, sondern genauso schlechte Erfahrungen, gehören zum Leid erfüllten Weg des Lebens. „Wer die Hölle nicht kennt, wird den Himmel nicht erblicken können", ist ein Beispiel für geprüftes Leid, das dazu führt, Genügsam zu werden.

Das Leben ist freudvoll und schmerzhaft zugleich, doch längst nicht so bitter, wie es süß und saftig ist. Wenn ich auch mit großem Bedauern anerkenne, das manch wehmütige Augenblicke, des Lebens Los sind, mehren sich Glück und Zufriedenheit mit dem Anstieg der eigenen Reife.

Es ist keine Religion, mit offenem Herzen,

und vernünftigem Geist durchs Leben zu gehen. Die Wirklichkeit kann in all ihren Facetten des Glaubens, jederzeit von neuem Fuße begangen werden. Man kann immerzu von neuem entscheiden, wer man ist, und wohin man läuft. Frei in sich sein, vermag Fesseln der Außenwelt zu durchschlagen. Weil Engelsschwingen nicht sichtbar sein müssen, um uns durch die Lüfte zu geleiten.

Leben und Tod sind ein und das selbe.

Die gemeinsame Grundlage aller Religionen besteht zumeist im glauben daran, das mit dem Tod nicht alles zu Ende ist.
Gesponnen zwischen Leben und Tod, ineinander geflochten ist der Faden von Geist und Körper, solange bis dieser durchtrennt wird. Von da an wird der Geist weiter existieren, wenn auch der Körper stirbt.
Der Kokoro bestimmte von Anfang an alles. Schon bevor wir geboren wurden, wies er uns das Schicksal zu, welches unser Dasein auf Erden beeinflusste. Nichts im Leben, geschieht ohne Grund.Weil der Sinn darin besteht, aus jeder erdenklichen Situation das Beste zu machen. Reife aus der Situation zu erlangen, und über dieselbe hinaus zu wachsen. Daraus gewonnene Reife, ist Weisheit

und Weisheit pflastert den Pfad zur Erleuchtung.

Wenn man das Ich und die Gier wegwirft,
fühlt man Buddha und liebt die Menschen.
Das Wichtigste ist,
sein Leben mit aller Kraft zu leben,
bis man es aushaucht.

Gott und Buddha sind ein und das selbe.

Ich beschreibe hier einen Weg, der den Einstieg in eine spirituelle Sicht der Dinge ermöglicht.
Den Anfang eines Lebensstils, der sämtliche Bereiche des Lebens klären und bereinigen soll.
Der Pfad der jede noch so drückende Last ausräuchern und hinfort pusten soll, macht zwischen Gott und Buddha keine Unterschiede.
Es geht hier um das eigene Vorwärtsstreben, bezüglich seines Verhältnisses zur Welt und auch dem Verhältnis zu sich selbst. Dem wahren von rechtschaffener Gesinnung und dem streben nach Glück.
Der Unwürdige ist nicht bereit dazu, wahrhaftige Weisheit zu verstehen. Es wäre, wie

Perlen vor die Säue zu werfen, ihm diesen Weg zu zeigen.
Der Würdige hingegen ist bereit dazu, weil sein Geist leer und sein Herz offen ist. Darum wird ein solcher auch verstehen.

„Übernehmen wir die Verantwortung für unser Leben und werfen einen neuen Blick auf die Dinge, indem wir die Ruhe des Geistes und die Kraft des Herzens entwickeln."
Jack Kornfield

Freiheit

„Freiheit ist ein Zustand des Geistes – nicht die Freiheit von etwas.“
Jiddu Krischnamurti

Sakya soll seinen Schülern Regeln hinterlassen haben, die in die Freiheit führen. Sie dienten zunächst der Reinigung des Tempels, gelten aber auch für die Reinigung des Geistes:

1. „Kehre nie gegen den Wind.“ Kämpfe nie gegen deine Gedanken und Gefühle und andere Widerwärtigkeiten. - Kehre nicht gegen den Wind, wenn du Zazen machst. Kämpfe auch nicht gegen religiöse Vorstellungen. Alles fliegt dir wieder entgegen, und du musst dich aufs Neue damit beschäftigen.

2. „Kehre alles auf einen Haufen“ - alle Vorstellungen von Gott, von Leerheit, von Koan,

von Shikantaza, von rechts und links, von gut und schlecht. Alle Konzepte sind nur Staub. Kehre auch Angst, Hass, Ärger und Neid auf den Haufen.
3. „Trage allen Abfall weg." Nimm ihn nicht mit. Werte nicht. Schaue nicht zurück. Bleib im Hier und Jetzt. Lass die Vergangenheit ruhen.

Es geht auf dem Weg nicht um äußere Armut, es geht um die Anhänglichkeit an Gedanken, Konzepte und religiöse Vorstellungen. Es geht nicht um den äußeren Reichtum, es geht um die innere Abhängigkeit. Dort ist die eigentliche Freiheit.

Solange wir auf der irdischen Ebene leben, werden wir ständig in verschiedenster Weise an unseren physischen Körper erinnert, sei es durch Kälte oder Hitze, durch körperliche

Beschwerden, Müdigkeit, Hunger, Erkrankungen und zahllose andere Dinge. Weisheit vermag es nicht, uns aus dieser Welt zu befreien, wie es beispielsweise der Tod tut. Dennoch bestärkt uns Weisheit darin, der Welt wahrhaftig zu begegnen, indem sie uns den rechten Weg weist. Freiheit erlangen wir durch Weisheit, weil Weisheit der Nährboden für unser Geist-Heim ist.

Weil alle Eindrücke der äußeren Welt zunächst durch den Geist gelangen, widerspiegeln wir uns selbst in der Wirklichkeit dessen, was wir wahrnehmen.

„Alle Freude, alles Glück, das wir außen empfingen,
ist eine Widerspiegelung unseres wahren inneren Selbst,
die dann entsteht, wenn wir in einer Sache völlig aufgehen."
Kirpal Singh

„Glück ist kein Ort, sondern eine Richtung."
Sogyal Rinpoche

Kapitel 2
Aufbruch ins Geist-Heim

Der kostbarste Schatz des Menschen ist dessen Bewusstsein. In seinem ursprünglich leeren Geisteszustand entstehen ständig vergängliche Projektionen, die erscheinen und verschwinden. Eindrücke der Außenwelt werden durch die fünf Sinne der Wahrnehmung erkannt, und im Bewusstsein verarbeitet. Der sechste Sinn der Wahrnehmung, das Bewusstsein, hat keine Form. Es filtert sämtliche durch die Sinnesorgane bestimmten Dinge aus der Außenwelt und kategorisiert diese nach der dem Bewusstsein, derzeit innehabenden Bedeutsamkeit. Diese Bedeutsamkeit richtet sich nach dem individuell gestalteten Geist des jeweiligen Menschen. Je nach gefühlsmäßiger Neigung, Standpunkt des Wissens oder dergleichen werden Dinge beurteilt.

Die im Leben gemachten Erfahrungen formten Überzeugungen und diese wiederum bestimmen unsere Erfahrungen. Weil das Bewusstsein die Welt nach seinen gemachten Überzeugungen sieht, ist es der daraus kleinlich entstandene Charakter der in gewisser weise unser Schicksal hervorbringt.

Es ist der Mensch, die einzige Gattung die durch ihr kreatives Bewusstsein in der Lage ist, eine im Geiste entstandene Vorstellung durch handwerkliches Geschick umzusetzen.
Wünsche und Träume werden geboren, die unser Herz kräftiger schlagen lassen. Vorwärts strebend, ersehnen wir den Augenblick da sie in Erfüllung gehen. Vergegenwärtigen wir uns diese Träume zum Gemeinwohl, sollte es gelingen aus dieser Welt einen besseren Ort zu machen.

Der in Japan entstandene Anime genannte

Zeichentrickfilm, verdeutlicht hervorragend die aus den Träumen der Menschen erschaffene, von Fantasie getragene Welt des Films. In Japan sagt man, das die Augen der Spiegel des Seele sind und so ist es im Anime.

Geist-Heim...?

Das Geist-Heim ist ein unbegrenzter Ort von unendlicher Weite, an dem Eindrücke der Außenwelt mit der Inneren verschmelzen. Ein ruhiges Plätzchen von dem aus wir die Dinge des Lebens von einem spirituellen Standpunkt aus betrachten können. Dieses sogenannte Geist-Heim dient uns zum kurzweiligen Rückzug und dem angehenden Nachsinnen, jedoch nicht dazu sich gänzlich von der äußeren Welt abzuschotten. Es stellt einen Raum dar, an dem wir in Anbetracht der Lage abwägen können, über welches Maß der angehenden Entscheidung es belangt, um unsere Prioritäten nicht zu gefährden. Äußeres Leiden soll uns Innerlich nicht kränken. Angeschlagene Gesundheit, weltliche Missstände, ausdrucksloses Leid können zur Auf-

reibung des Herzens und zum Verlust des Geistes führen.
Im laufe seines Daseins, wird einem jeden Menschen unweigerlich Bewusst werden, welch unerbittlicher Schmerz entsteht, wenn man etwas unersetzliches, was einem wichtig ist, verliert. Ist doch die Unbeständigkeit eine von Natur gegebene Gesetzmäßigkeit, der nichts und niemand entfliehen kann. Ist man mit der Bewusstheit dessen genährt, erkennt man die eigene Abhängigkeit zum weltlichen Traum. Die Wahnvorstellung verdrängte einst die Wahrheit dessen, was von Gott und Buddha gelehrt wurde. Die Unwissenheit ist es, die uns ein Trugbild vorgaukelt.
Wir müssen uns letztendlich damit abfinden, das manche Dinge unveränderbar sind.

„Das Leben ist flüchtig, wie der hingetupft an den Gräsern hängende Tau,

dessen kristallene Tropfen von der ersten Morgenbrise davongetragen werden.“
Dilgo Khyentse Rinpoche

„Das Glück ist im Grunde nichts anderes als der mutige Wille, zu leben, indem man die Bedingungen des Lebens annimmt.“
Maurice Barres

Nehmen wir das Leben wie es ist. Wo gehobelt wird, da fallen Späne.
Vom Geist-Heim aus betrachtet, nimmt die Welt ihren natürlichen lauf, während wir in ihr leben um zu lernen. Besinnen wir uns im Geiste, betrachten wir manche Dinge von der Distanz aus.
Vom Geist-Heim aus betrachtet, können wir jederzeit ein neues Fenster wählen, von dem aus wir auf das weltliche Geschehen blicken.

Diesem spirituellen Rückzugs Ort der Fantasie, sind keine Grenzen gesetzt. Ich selbst sitze gerne auf der Terrasse in meinem Geist-Heim und betrachte von dort aus die weite Welt.

„Fürchte dich nicht vor der Einsamkeit, wenn du ihr begegnest.
Sie ist die Gelegenheit, dich selbst wiederzufinden und dich zu stärken."
Drukpa Rinpoche

„Äußerer Friede ist ohne inneren Frieden nicht möglich."
Dalai Lama

„Wir strahlen unser Innenleben aus."
Ayya Khema

Das Leben ist manchmal ein hartes Pflaster,

aber man darf sich davon nicht unterkriegen lassen. Besinne dich dessen was wirklich wichtig ist. Höre auf dein Herz, und lebe danach. Denn das Herz ist Weise und stets Aufrichtig.

Denken wir an das, was einen wirklichen Wert besitzt,
an das, was unserem Leben einen Sinn gibt,
und setzen wir unsere Prioritäten dementsprechend.
Dalai Lama

Im Geist-Heim lebt durch unsere Fantasie all jenes auf, was uns antreibt und erfreut. Es wird so manchen gerade zu absurd erscheinen, wie kindlich diese Vorstellung ist. Kann dieses kindliche Fantasieren in Stille und Bewusstheit, doch einen auf den Weg des Herzens zurückführen. Manches Trübsal blasen wird dadurch mit einem Lächeln beendet werden. Traurigkeit kann abgestumpft und überwunden werden, indem man im Geist-Heim einen kurz währenden Blick auf seine Liebsten wirft. Diese können einem dann auf die Schulter klopfen und zurück auf die Beine verhelfen. Es ist der daraus gewonnene Mut, der uns die Stärke verleiht vorwärts zu gehen.

„Wir müssen lernen, uns mehr zu freuen. Dieser Reichtum ist die Essenz der Großzügigkeit und des Gefühls der Fähigkeit, mit der Welt zurechtzukommen, ohne ins Elend zu versinken."
Chögyam Trungpa

„Das Ziel deiner Lebensreise ist nichts, was du nicht erreichen könntest:

es ist das Bei-dir-selber-Ankommen. Jeder Augenblick, in dem du mit
dir selbst identisch lebst, ist ein Schritt zu diesem Ziel."
Matthias Stöbener

Kapitel 3
Aufsteigender Drache

Aller neu Aufwand ist Anstrengung, und benötigt Stärke. Veränderungen sind Anfangs oftmals belastend, weil sie das Wirken der herkömmlichen Gewohnheiten erschweren. Achtsam verfolgt wird das eigene weltliche Wirken, plötzlich zum Mühsal. Doch sind die alten Gewohnheiten erstmals überwunden entstehen neue Freuden.

„Wenn du achtsam lebst, wirst du das berühren, was erfrischt, heilt und erfreut.
Einen Unachtsamen bleiben die Quellen des Positiven verschlossen."
Matthias Stöbener

Gelebte Achtsamkeit schärft die Wahrnehmen und bekräftigt somit die Aufmerksamkeit gegenüber seiner unmittelbaren Umgebung. Ihr werdet rücksichtsvoller mit euren Mitmenschen sein, weil ihr die sogenannten

„Fettnäpfchen“ schon im Ansatz erkennt. Jede eurer Handlungen wird gründlich bemessen und genau verstanden werden. Höfliche Zurückhaltung wird als Inhalt eures Bewusstseins zur Selbstverständlichkeit eurer Persönlichkeit anwachsen, wenngleich ihr nicht automatisch annehmen dürft, das euch gegenüber dieselbe achtsame Haltung geteilt wird.

Eigentlich ist der Mensch von Natur aus ein Egoist, der nichts desto Trotz, gleichgültig gegenüber seinen Mitmenschen nach seinem eigenen Glück strebt. Doch tickt die Welt im Takt der wechselseitigen Abhängigkeit und es sind allein diese Umstände, die zu wahrem Glück führen können.

Warum ist es eigentlich so, dass wir im Einklang mit der Natur und unseren Mitgeschöpfen leben sollen? Weil es der natürliche Weg eines aufrecht gehenden Menschen ist.

Ein aus spiritueller Sicht unnatürliches Verhalten, wird mit dem seinen Weg, niemals im wahren Glück gründen.
Sicher gäbe es auf diese Frage viele Antworten, doch ist diese Antwort, hier und jetzt die meine.

„Anteilnehmende Freundschaft macht das Glück strahlender und erleichtert das Unglück."
Marcus Tullins Cicero

Die Komplexität des menschlichen Daseins, spitzt sich zusehends zu. Warum Eigentlich? Weil unsere Ansprüche ihren Preis haben. Nicht jeder kann diesen Preis zahlen.
Es gibt eine Lösung! Nehmen wir sie an.
Um in dieser Welt nicht unterzugehen, sondern zu bestehen, ist es für die Einigkeit des Wohlbefindens aller Menschen nötig zu ver-

stehen, das dies wirtschaftliche Wirken in Politik und Gesellschaft um Geld und Reichtum die Wurzel allen Übels ist.

Ist es nicht schwer vorstellbar, das eine technisch so hoch entwickelte Zivilisation ihren eigenen Untergang vorantreibt.

Unser weltliches Verständnis von Glück, hat bereits so weite Züge angenommen, das der geistige Hintergrund darin verblasste. Besitz und Prestige werden mittlerweile teils höher geschätzt, als weltliche Güter zum Glücklichsein, als aufsteigende Herzenswärme, die aus einem befreiten Geist hervorgeht. Die Messlatte bestimmt den Standard für weltlichen Besitz.

Wer sich jedoch im Wirken von Herzen und Geist übt, der wird Glücklichsein, indem er sich mit wenigem begnügt.

„Die Liebe gibt nichts als sich selbst.

Die Liebe besitzt nicht, noch will sie Besitz sein.
Denn der Liebe ist die Liebe genug."
Khalil Gibran

Es ist an der Zeit, euch selbst danach zu fragen, wohin euch euer Streben nach Glück führt?
Worin besteht der Zweck meines Daseins?
Woran glaube ich? Was sind meine Beweggründe?
Wer bin ich? Wer will ich sein?
Warum bin ich, wer ich bin?
Was ist das Ziel meiner Lebensreise?
Usw...

Eine Frage führt zur nächsten, solange bis unzählige bohrende Fragen euren Geist durchlöchern. Ihr müsst für jede einzelne dieser Fragen eine Antwort für euch selbst

finden. Stellt sie euch immer wieder von neuem, solange bis ihr euren Frieden in einer Antwort gefunden habt. Nach und nach wird sich ein Weg in der Welt auftun, den nur ihr selbst beschreiten könnt.
Ihr steht jeden Augenblick am Anfang eures Lebens.
Jeder Augenblick entscheidet über Leben und Tod.
Jeder Atemzug ist Leben.
Eure Bestimmung wird sich an jeder Weggabelung von neuem erfüllen. Seid ihr nicht entschlossen genug, wird Reue euch plagen.
Nach Konfuzius: „Bemerken, was recht ist und es nicht tun, beweist Mangel an Mut.“

Gott ist Überall! Das etwas göttliches in allen Künsten wohnt, bestätigt das ein jeder Weg zur Erleuchtung führen kann. Die Auffassung die wir von der Welt ha-

ben, widerstrebt der Wirklichkeit. Die Geschichte kann sich ändern, weil wir denken.
Es gibt eine Welt hinter dem Tor, in einem Land ohne irdische Zeit. Tritt ein, es ist der Augenblick in dem sich alles entscheidet. Wach auf aus dem Traum der Schattenwelt. In der Mitte fließt alles zusammen.

Aufgelebte Fantasie bezeichnet dieses Kapitel.
Der Aufsteigende Drache ist ein stellvertretendes Abbild für die Kraft eines Entschlusses.
Der Drache symbolisiert die Stärke des Menschen, der Einsicht in seinen Weg erlangte, sein Schicksal in geringem Maße begriffen und es angenommen hat.
Das Aufsteigen des Drachen steht für das

Voranschreiten auf dem Weg. Dem folgen der eigenen Lebensaufgabe in gerecht, rechtschaffener Gesinnung.

Kapitel 4
Der Weg

Wenn man erstmals die Richtung kennt, in die man gehen muss, wird das Leben leichter. Sicher fordert alles seine Opfer. Doch wenn man einmal den seinen Weg beschritten hat und auf ihn wandelt, stellt sich ein Gefühl von gewissenhaftem Glücklichsein ein. Es ist nicht die Zuversicht, oder die Euphorie über eine Erkenntnis die einen vorantreibt, sondern der Instinkt. Denn Instinkt den man Anfangs noch in Frage stellte, lernt ein jeder mit der Zeit zu Vertrauen. Hierbei handelt es sich jedoch nicht um ein blind linkes Vertrauen und dem anschließenden Verfolgen eines Inneren Befehls. Es ist vielmehr ein nachsinnendes in sich gehen. Ein erspüren der Richtung an einer Weggabelung. Dieses instinktive Einfühlungsvermögen, das Herz und Geist in Wallung bringt, ermöglicht es, den seinen Weg, selbst bestimmt zu erkennen. Irgendwann werden wir so unsere wahre Natur weiter ergründen und wer weiß? Vielleicht eines schönen Tages Erleuchtung erlangen? Daran glaube ich. Ich weiß nicht viel, lediglich von manchen Dingen ein bisschen, doch hätte ich nicht dieses Bedürfnis von Instinkt, wäre mein Leben sinnlos.

Zudem bin ich der Auffassung, die Menschen sollten ein beachtlich höheres Maß auf Weisheit geben. Sämtliches schulisches Wissen beruht auf eine einseitige Ausprägung von Intelligenz. Ich ersehne mich an einen Zeitpunkt, an dem ein Umdenken der Menschen stattfindet. Viele häufen verschiedenartigstes Wissen, jedoch nur wenige erkennen sich selbst. Es kam zu einem Ausbau dieser Intelligenz, als folge die Welt so geworden ist.
Wenn ihr nun auch einen Weg, der sich für euch richtig anfühlt eingeschlagen habt, solltet ihr dabei das Wirken von Weisheit

nicht vergessen. Oftmals ist das Erlangen von Weisheit in einer Sache, selbst das Ziel. Ebenso ist es wichtig, auf seinem Weg gerecht, Rechtschaffen zu bleiben.

Das rechte Maß

Das rechte Maß in einer Sache zu bestimmen ist entscheidend. Auch wenn sich dieses rechte Maß nur nach der eigenen Anschauung richtet, ist es erforderlich zu erkennen wie weit man in einer Sache hier und jetzt gehen kann.
Das geeignete Gepäck für den Weg auszuwählen, es an zu packen und zielgerichtet, weder zu schnell noch zu langsam, vorwärts zu gehen. Auf dem Weg nicht abzuweichen und sich seine Kräfte einzuteilen, indem man in allem das rechte Maß erkennt.

Der große Ieyasu hinterließ der Nachwelt einige Grundsätze unter welchen sich der folgende findet: „Das Leben eines Menschen ist ein langer Weg, den er mit einer schweren

Last auf den Schultern gehen muss; daher eile nicht."
Auszug aus dem Bushido von Inazu Nitobe.

„Spanne dein Leben wie die Saiten eines Musikinstruments.
Deine Vorsätze sollen nicht zu straff sein, sonst brechen sie.
Sie dürfen nicht zu schlaff sein, sonst geben sie keinen Ton.
Dein Mitgefühl muss sich selber einschließen, du musst mit dir und anderen fühlen lernen."
Samyutta Nikaya

„Im Gehen meditieren heißt eigentlich, das Gehen zu genießen –
kein Gehen, um anzukommen, sondern nur, um zu gehen.

Es hat keinen anderen Zweck, als im gegenwärtigen Moment zu sein,
bewusst den Atem und das Gehen zu spüren
und jeden Schritt zu genießen."
Thich Nhat Hanh

Kapitel 5
Erleuchtung – Erwachen

Es ist in jedem Moment an der Zeit zu sterben,
es ist in jedem Moment an der Zeit Erleuchtung zu erlangen.

Das Ziel ist hochgesteckt und der Weg ist weit, im streben nach Erleuchtung. Doch wenn ich schon Lebe, dann dafür. Unzählige Wege führen zum Gipfel, ist es doch wichtig, sich für einen zu Entscheiden.
Es bedarf nicht vieler Worte. Hiermit endet meine Erzählung, ich hoffe, ihr werdet sie im Gedächtnis behalten.
Hochachtungsvoll, KUROGANE